MES PETITS BONHEURS...

100% FOOT AMATEUR

L'AUTEUR

SÉBASTIEN RUFFET est né en pleine rentrée scolaire de 1980. D'où son attrait immodéré pour le savoir inutile. Passionné de football depuis son plus jeune âge et un penalty manqué de Platini face au Brésil, il a arpenté avec ferveur les terrains du 93, du 06 et du 67. De drôles d'histoires, des joies, des mésaventures et des scènes improbables ont jalonné la « carrière » de celui qui est aujourd'hui journaliste, animateur et vidéaste.

L'ILLUSTRATEUR

PHIL UMBDENSTOCK a pratiqué le football de bas niveau pendant plus de 30 ans, gardien « volant », parce que peu enclin à courir pendant 90 minutes, il a tout connu du foot amateur, la licence qu'on paye de sa poche, la division 4, les équipes 2, les équipes 3, les 4e mi-temps, les vétérans... et trouve que le foot « c'était mieux avant » quand les petits gardiens ne faisaient pas seulement 1 mètre 85. Il se rêvait pro dans le foot, il le sera dans le dessin, ce qui lui permet, dans ce bouquin, de dessiner des petits Mickeys qui jouent au foot, la boucle est bouclée...

ISBN 979-10-97535-15-5

SÉBASTIEN RUFFET
ILLUSTRATIONS PHIL UMBDENSTOCK

MES PETITS BONHEURS...

100% FOOT AMATEUR

VADEMECUM

PRÉFACE DIMITRI LIENARD

NÉ LE 13 FÉVRIER 1988 À BELFORT
AU RACING CLUB DE STRASBOURG ALSACE DEPUIS 2013

« J'ai commencé le foot à Sermamagny, et j'ai quand même fait dix ans de district ! Et j'en ai vu des trucs ! Tu te déplaces, pas d'arbitre, tu fais un tirage au sort pour qu'un mec prenne le sifflet, la tondeuse qui tombe en panne et du coup tu n'as qu'un seul côté qui est tondu, les lignes tracées en zigzag, le mec qui sort sur la touche boire une bière… Ce sont des moments inoubliables !

J'en garde un super souvenir parce qu'à l'époque, je ne pensais pas en faire mon métier, c'était juste de la passion. Même quand on était trois à l'entraînement, je voulais jouer ! J'avais un travail, et le foot c'était pour jouer avec les copains. Je suis très content d'être passé par là, et je pense que je m'en suis sorti grâce à ça.

En district, la seule consigne du coach adverse pour t'arrêter c'est : *« Découpez-le ! Arrachez le 10 ! »* Les défenseurs sont tellement maladroits que quand ils sont en retard, ils sont vraiment en retard, et ça peut faire mal. Alors il fallait s'accrocher à chaque fois que je montais d'une ou deux divisions.

J'ai commencé dans le club de mon père, tout le monde me connaissait, j'étais vachement soutenu. J'étais un peu l'enfant du club. Moi ce que j'aimais, c'était aussi de venir faire les lignes. Je me suis retrouvé un samedi soir à déneiger le terrain avec deux copains et mon père pour pouvoir jouer le lendemain.

Je garde de cette époque une certaine insouciance, de la joie de vivre. Je suis resté un peu «amateur» au fond de moi. Parfois je me demande pourquoi je ne pourrais pas manger une raclette la veille d'un match ! Quand tu es professionnel, tu ne peux pas te le permettre, mais est-ce que je serais vraiment moins bon ?

Il y a malheureusement depuis quelques années des moins bons côtés : tout le monde croit que c'est la Coupe du monde et qu'il y a de l'argent au bout. Il faut surtout s'amuser, ne pas se prendre la tête, et ne pas oublier que le lundi on bosse. Ton patron, tu vas lui faire le coup de la blessure une fois, pas deux, et c'est lui qui te paye, pas ton club !

En tout cas, ce bouquin, c'est une super idée, et plus tard, peut-être que je pourrais écrire un livre sur mon parcours ! »

ÉDITORIAL

ERNY JACKY

ANCIEN DIRECTEUR DE LA LIGUE D'ALSACE DE FOOTBALL ASSOCIATION
MEMBRE DE COMMISSIONS FÉDÉRALES FFF (FÉMINISATION, BÉNÉVOLAT)
CHEF DE DÉLÉGATION DE SÉLECTIONS NATIONALES FFF

« Alors que la très vénérable institution du football en Alsace (ex LAFA) s'apprête à fêter son centième anniversaire, le florilège d'anecdotes de Sébastien Ruffet, illustré avec malice, trouve une place inédite pour rappeler que le football c'est plus que du football.

Ces petites histoires sentent bon la joie de vivre, le terroir, l'authenticité, la richesse humaine, un peu la nostalgie et surtout un brin de machisme...

Ces petits moments de bonheur ont désormais vocation à être partagés avec les femmes autrement que par la préparation du repas sportif... Elles ont désormais franchi la barrière, prennent pied dans les instances, et même maintenant sur les plateaux de télé pour parler foot.

Avec ces passionarias, cette fraîcheur et ce romantisme, qu'a su porter le football amateur, peut perdurer.

Si Sébastien veut se rapprocher de ces forces montantes du foot, il trouvera sans problème de quoi alimenter un prochain recueil, leurs potins autour des matches vaudront et nous changeront des badineries des hommes !

SOMMAIRE

La prochaine fois,
je prends un camping-car !

DÉCROCHE LA CARAVANE !

Il paraît qu'il avait un sacré coup de reins dans sa jeunesse. Sauf qu'il est encore jeune.

Qui ne l'a jamais entendu cette vanne ?

Franchement? Je pense que c'est LA vanne la plus répandue de tout le football amateur. Alors j'entends bien les autres sports qui viennent nous donner la leçon: *« Chez nous, c'est plus ouvert, tous les gabarits peuvent s'exprimer »*, etc. Mais nous aussi dans le foot, on a des petits, des grands, des maigres et des gros. Venez une fois le dimanche matin vous en rendre compte par vous-mêmes. Et on joue pas avec les mains nous. Et on joue pas vers l'arrière.

Il y a toujours un « Boule », ou un « Bouli », surnom donné sans doute très affectueusement au latéral au léger embonpoint. Vous avez aussi le vétéran (ou super-vétéran) venu dépanner parce qu'ils n'étaient pas assez nombreux avec l'équipe 3.

Vous avez aussi la catégorie « sapin », des grands défenseurs, forts dans les duels aériens, mais relativement peu rapides. Avec dans tous les cas, un léger manque de vitesse.

Alors à chaque démarrage d'un attaquant adverse, on perd vite quelques mètres, et invariablement, venant de la main courante, ces quelques mots familiers : *« oh ! Décroche la caravane ! »*

Rires… Ricanements…

Mais c'est aussi valable de l'autre côté du terrain, et quand il s'agit de l'attaquant, c'est moins drôle d'un coup. Un super ballon qui part en profondeur, un peu d'avance au départ, et du retard à l'arrivée, ce qui va provoquer la déception des supporters, toujours accoudés à la main courante, invariablement à la même place dimanche après dimanche : *« oh Max ! Décroche la caravane, bordel ! »*

Soupirs… Jurons…

À titre tout à fait personnel, je l'ai entendu quelques fois, je reconnais. Après, soyons lucides, la vivacité n'a jamais été mon fort. Je pars pas avec une Ford Mustang entre les mains, mais plutôt un monospace, version diesel 1,6 L. Ça peut suffire dans certaines situations, mais ça manque de reprise. Mais de là à me dire : *« t'avais le porte-vélo en plus ou quoi ? »* Non là, franchement, c'est pas sympa.

Un ami footballeur de haut niveau était venu assister à une rencontre de district et m'avait dit ces quelques mots : *« C'est quand même lent hein. »*

Franchement, on se rend pas compte. On a l'impression de tout arracher sur notre passage, de remporter les duels. Et puis on voit des vidéos, et on se rend compte que bon. Voilà.

ENTENDU AU BAR DU CLUB-HOUSE

Je sortais d'un match engagé, où j'avais eu l'impression d'avoir fait le job, de remporter des duels, d'être investi, motivé, impliqué, et en arrivant au bar, un « observateur » du club qui lâche : *« Alors, c'était compliqué aujourd'hui hein ? ! »* MERDE...

Et 1 et 2 et 3 zéros!

02

LES GLANDS SONT TOMBÉS SUR LE TERRAIN CETTE ANNÉE !

Ou comment les anciens qui viennent voir les matchs ne sont parfois pas tendres avec les joueurs d'aujourd'hui…

Ils sont sympas les vieux. Ils viennent faire leur petite balade du dimanche jusqu'au stade, ils échangent quelques ragots, avec un petit « Picon » en main – ou un verre de blanc pour le carré VIP – et jettent un œil plus ou moins attentif sur le match du jour. C'est aussi l'occasion de se rappeler les grandes heures du patelin, à l'époque *« où on était montés en D1, nous ! »*

Ah, là, c'était une sacrée équipe hein ! Marcel, en défense, ah ça bougeait pas hein ! Pas comme ceux d'aujourd'hui, un coup d'épaule, et ils volent ! Et Francis en attaque ! Ah ! C'était cadré à chaque fois ! Pas comme l'autre là, il lui faut douze occasions pour en cadrer une, alors avant de marquer, on peut regarder le maïs pousser ! En tout cas, vu l'équipe, ce qui est sûr, c'est que cette année, les glands sont tombés sur le terrain !

Alors on joue, on est dans notre match, mais l'ambiance étant relativement feutrée, on entend quand même tout ce qui se dit. Oui, messieurs, on entend. Sachez-le. On peut pas vraiment dire que ça nous déstabilise. On pourrait même dire que ça nous fait marrer parfois, surtout quand ça parle d'un autre joueur, on va avouer.

Ça m'est quand même déjà arrivé de m'énerver après m'être fait engueuler alors que l'arbitre avait sifflé une faute pour moi. *« Mais tu veux que je fasse quoi si le mec me sèche ? Tais-toi ! »* Alors ça se calme quelques minutes avant de recommencer de plus belle. C'est un peu un kop qui aurait accès à la buvette. La Loi Évin ne passera pas par chez nous. Cela dit, tant mieux. Bref.

Forcément, au bar, on retrouve nos légendes vivantes, dont les photos en noir et blanc trônent toujours fièrement sur les murs du club house, entre deux coupes remportées dans un obscur tournoi qui n'existe plus aujourd'hui et un fanion échangé avec un patelin allemand qui avait dû venir autant pour jouer que pour picoler.

Mais ce qui est bien, c'est qu'ils sont ouverts à la discussion nos glorieux anciens. Nos « France 98 » à nous. Ils aiment bien t'expliquer le foot, comment tu dois te placer, comment tu dois lever la tête, tout ça. Cela dit, nous aussi, on est en D1, là, en fait.

Z'êtes sûr que c'était vraiment mieux avant ? Mais au fait, vous aviez fait quoi à l'époque ? *« On était descendu. »* Ah voilà.

Et maintenant,
je fais comment
pour aller bosser!

03

PUTAIN... JE BOSSE DEMAIN !

Qui n'a jamais entendu cette phrase ? Un tacle un peu appuyé, la peur de la blessure, parce que demain, je bosse, moi !

Le foot amateur, c'est engagé. Autant appeler un chat un chat, il faut savoir mettre le pied, la semelle, l'épaule et toute autre partie du corps, plus ou moins visible, plus ou moins par paire, pour se faire respecter.

Quand on joue un derby, ce qui arrive à peu près huit fois par saison, on multiplie cet engagement par deux, et les tacles pleuvent, volent, tombent. Il y a des gestes plus ou moins maîtrisés, plus ou moins méchants, et qui font plus ou moins mal.

Pour ceux qui pensent que les footballeurs passent leur temps à exagérer la douleur, je les invite à venir disputer un Hoerdt-Weyersheim ou un Truchtersheim-Pfettisheim. Pour rigoler.

Ce qu'il ne faut pas perdre de vue, c'est qu'en district, on n'a pas de kiné, pas de médecin. On a vite fait un mec sur la touche qui vient avec une bouteille d'eau, au mieux avec une bombe de froid pratiquement vide. Chaque coup est un hématome en puissance, et instantanément, quel que soit le club, le village, la date, l'adversaire, le joueur touché pense immédiatement au lendemain : *« Putain, je bosse demain, moi ! »*

Je suis d'accord qu'il y a beaucoup de chômeurs dans notre pays, beaucoup trop, mais sous-entendre que celui qui a fait la faute serait là uniquement pour casser le dimanche…

Comme si le mec attendait fébrilement toute la semaine chez lui, à tourner en rond, à transpirer, les yeux rougis par la haine, les tempes tremblantes et les crampons aiguisés, prêts à égorger le premier milieu offensif qui passe le moment venu… Non, franchement…

Le mec qui a fait la faute a souvent aussi un boulot, il a même une famille, des enfants, c'est un mec normal, posé, qui serait même prêt à te payer un coup à la fin du match si tu passais pas ton temps à l'insulter. Donc oui, tu bosses demain, mais en fait, ça n'a rien à voir avec ce qui se passe, là, maintenant sur le terrain.

Cela dit, personne n'a envie d'être blessé. Moi, je dois prendre la voiture tous les matins, j'ai deux étages sans ascenseur pour monter au boulot... Si je me retrouve en béquilles, je peux plus faire grand-chose, et ça fait con de dire que c'est au foot que je me suis fait ça. Et je suis bien sûr loin d'être le seul dans ce cas. Alors, bien sûr, moi aussi, quand on me tacle un peu sévèrement, je rappelle que, moi, je bosse demain.

ANECDOTE

J'ai la chance de jouer avec le plus incroyable simulateur du football alsacien. Vinz est n° 10, petit, technique, un jeu à se prendre des coups. Et il en prend. Lors d'un derby, de loin, on voit le tacle, on le voit tomber, hurler, se tordre de douleur. Je me dis qu'il s'est fait au moins une entorse. Je m'approche. *« Ça va, Vinz ? »* Clin d'œil. *« T'inquiètes. Il a pris jaune ? »* Neymar tient son maître.

Souffler ?
c'est pas jouer !

04

LA DERNIÈRE AU BAR ?

La 3ᵉ mi-temps, c'est une chose, mais on peut pousser jusqu'à la 4ᵉ… Voire la 5ᵉ !

L'entraînement est terminé, on a bien couru, on a pris une bonne douche, il est donc l'heure de passer aux choses sérieuses. Une bière pour se désaltérer. C'est vrai qu'on aurait pu prendre une Carola verte, mais c'est une sorte d'hommage à la culture littéraire et à Philippe Delerm (« La première gorgée de bière », que je vous recommande). Enfin ça fait bien de le dire comme ça.

Une deuxième en attendant que le repas arrive, repas qui parfois tarde un peu à être servi, et puis le match d'Europa League diffusé sur la télé du club-house n'est pas terminé, alors il nous faut de quoi s'occuper. Le match se termine, on passe à table. Le président a toujours une bouteille de rouge / blanc / rosé qui traîne quelque part pour les initiés. Les vrais.

Petit à petit, les mecs s'en vont, à croire que tout le monde se lève tôt ! Une poignée de braves continuent de papoter, de refaire l'entraînement, le match de dimanche dernier, et de faire déjà le match de dimanche prochain.

– Je te le dis, lui, je l'aurais pas emmené, franchement !
– Je comprends bien, mais il me faut bien un attaquant sur le banc.
– Ouais mais il s'entraîne jamais par rapport à l'autre.
– Mais je mets qui devant ? Toi peut-être ?

Le coach de district n'a pas toujours réellement le choix. Entre ceux qui ont vraiment le niveau pour jouer en 1, ceux qui ne s'entraînent pas, ceux qui ne déméritent pas mais sont limites, et les joueurs « mutations » (pas plus de six), ça tourne au véritable casse-tête, sachant qu'il faut en plus préserver certains égos ! Du coup, les coachs et l'un ou l'autre membre du comité, rejoints par deux, trois joueurs, discutent, débattent. La décision n'est jamais prise le soir même, en tout cas pas pour l'ensemble des joueurs convoqués. La nuit porte conseil, et puis on a déjà pas mal bu. Mais les débats continuent de plus belle, la forme du moment, l'attitude des uns, l'investissement des autres... Arrive le moment où on est déjà demain, et dans une sorte d'accord secret, on se dit que ce serait quand même bien l'heure d'y aller. Et arrive la phrase que tout le monde attend en secret : *« Bon... Une dernière au bar ? »*

Les derniers rescapés se lèvent alors pour rejoindre la tireuse. À cette heure-ci, plus personne ne paye depuis longtemps. Le président ne dira rien, c'est lui qui rince.

– Non, sérieux, là, c'est bon, ça suffit.
– Une moitié !
– Pffff...
– Ah merde, désolé, j'en ai mis un peu trop... Bon c'est pas grave hein.

On sait qu'on va être en galère le vendredi au boulot, mais ces moments sont tellement précieux qu'on se dit qu'après tout, le vendredi, c'est déjà un peu le début du week-end.

C'est chez moi,
c'est chez moi,
c'est chez moi...
FANNY
BAR
TABAC

05

ON EST CHEZ NOUS LES GARS !

Le capitaine est formel, notre stade est inviolable, il faut rester invaincu devant nos supporters, ils sont 4, mais c'est déjà ça...

Ah ! J'en ai fréquenté des équipes et des stades dans ma carrière. Le Stade du Val Fleuri, son grand synthétique et sa tribune métallique à Cagnes-sur-Mer, le stade de la Forêt à Geudertheim, son terrain en herbe, sa buvette en dur à l'extérieur, le stade de la Zorn et son incroyable complexe pour un village de 3 000 habitants comme Weyersheim, ou le dernier en date, le Stade de la Schliffmühl et son terrain en pente (oui, oui), à Schnersheim. Avouez, ça fait rêver. Les terrains sont plus ou moins beaux, les vestiaires plus ou moins grands, la buvette plus ou moins abondante, mais partout, partout...

« On est chez nous, les gars »

Quand tu formes le cercle des onze mecs qui sont sur la pelouse, au coup d'envoi, que le capitaine a un tout dernier mot à dire avant de commencer, bien souvent, il sent la nécessité de rappeler qu'on est chez nous. Et ça veut dire beaucoup. Ici, c'est imprenable. C'est notre terrain. Peu importe qu'aucun des mecs ne soit originaire du village.

Peu importe qu'on y vienne qu'une fois par semaine pour s'entraîner – voire pas du tout à cause du boulot, les enfants, tu sais, c'est compliqué. Tout cela est balayé d'un revers de main, parce qu'aujourd'hui, là, maintenant, on a tous le même maillot, on défend les mêmes couleurs. Il y a les gens du village qui sont venus voir le match. Alors on doit faire le boulot. On n'est pas en Ligue 1, on est en District 1, 2, 3 ou 7, mais peu importe :

« On est chez nous, les gars. »

Parfois, tu peux faire toutes les causeries que tu veux, jouer sur tous les ressorts du monde, titiller, caresser, critiquer, encourager tes joueurs, ils vont garder un regard plus ou moins vide, des étoiles encore plein la tête de la soirée du samedi. Mais là, quand le capitaine pose ces quelques mots, il y a comme un fil qui se reconnecte.

« C'est un derby putain ! On est chez nous, les gars ! On ne peut pas perdre ce match ! Impossible ! »

Tu peux jouer en 4-4-2, en 6-1-3 ou en 8-2-0, toute considération tactique s'évapore pour garder l'essentiel du message :

« Chez nous, on ne perd pas. »

Attention, c'est un message court, efficace, tranchant, mais qui doit être utilisé avec discernement. Si tu le sors à chaque match, ça perd de son efficacité. Et puis, certaines affiches se suffisent à elles-mêmes. D'autres semblent plus déséquilibrées, on insiste sur un autre point. Mais quand il y a un flottement un peu général, que les mecs n'ont pas l'air tout à fait là alors que c'est un match d'homme qui se présente, putain, les gars, on est chez nous, quoi.

ANECDOTE

– Derby la semaine prochaine, on joue chez eux, c'est ça ?
– Non, ils ont demandé à inverser le match.
– Pourquoi ?
– Y'a le messti dimanche.
T'imagines, Racing-PSG, inversé pour cause de marché de Noël !

Merde la pile
est morte...

OUBLIEZ PAS LE CHANGEMENT D'HEURE !

Ah le dimanche matin, deux fois par an...

Début avril, fin octobre, pendant longtemps, ç'a été le même sketch. Surtout le dimanche matin.

D'abord, en **AV**ril, où on **AV**ance l'heure : tu mets ton réveil à 8h, tranquille, une heure avant le rendez-vous, sauf qu'il est en fait déjà 9h. Et fatalement, quand tu arrives au stade en sifflotant, et en te disant que t'as même encore le temps pour un petit café avant d'aller au vestiaire, tu te rends compte qu'il y a 25 voitures sur le parking, et que les joueurs entrent sur la pelouse. Là, c'est moche. Très, très moche.

D'abord parce que tu vas te faire charrier pendant des semaines, ensuite parce que t'es pas titulaire, et enfin parce que tu vas devoir payer ta tournée. Faut voir le bon côté des choses : t'as dormi une heure de plus et t'as pas trop la tête dans le cul.

Et il y a octob**RE**, où on **RE**cule la pendule : tu te réveilles tranquillement à 8h, t'arrives au stade pour le rendez-vous de 9h, et là, bien évidemment, il n'y a personne. Au bout de dix minutes, tu te demandes si, finalement, le match n'était pas à l'extérieur... Et puis tu vois arriver un dirigeant, qui sera le premier à se foutre de ta gueule avant les autres. Cela dit, on peut toujours embrouiller les mecs qui arrivent vers 9h en disant : *« Nooooon, j'étais un peu en avance, mais ça fait 5-10 minutes, pas plus ! »*

J'avoue, ça m'est arrivé une fois d'être une heure en avance, mais jamais en retard. Mais ça, c'était à l'époque où les téléphones ne se mettaient pas automatiquement à l'heure pendant la nuit. À en voir certains sur le terrain, on se demande si le cerveau va arriver avec une heure de retard, mais physiquement, maintenant, tout le monde est là.

Parce que clairement, aujourd'hui, le risque est considérablement réduit de se faire surprendre par un changement d'heure. Cela dit, j'ai gardé une petite habitude, pour être sûr : j'ai une vieille montre de chez Décathlon, le soir, je la mets à la bonne heure du lendemain, et je programme le réveil. Je sais qu'elle ne va pas changer d'heure toute seule, et donc je sais qu'elle va faire son petit « bip-bip » aux « vraies » 8 heures. Les plus jeunes n'ont pas connu ce stress-là, et c'est bien dommage. Ça nous fait perdre quelques amendes le dimanche matin. Et quelques tournées.

ANECDOTE

Le dimanche matin, à domicile, franchement, c'est sympa. Surtout quand t'as ton entraîneur-capitaine qui s'est pointé un quart d'heure avant pour faire couler une cafetière et préparer les maillots. La classe. Et un grand respect pour l'investissement de ces gars-là dans leurs clubs.

Chacun arrive, prend son petit café, on parle de la Ligue 1 du samedi soir, on voit des joueurs qu'on n'a pas vus depuis un bail (en équipe 3, c'est fréquent), et à un moment on voit l'équipe adverse sortir pour aller à l'échauffement. *« On va peut-être y aller les gars. »*

Un vieux journal
bien plié...
aux yeux de l'arbitre
ça peut faire
illusion !

07

QUELQU'UN A DES PROTÈGE-TIBIAS ?

Le sac a été préparé avec minutie... ou presque.

Ça y est, tout le monde est arrivé, on va au vestiaire. Toujours un moment un peu particulier : on n'est pas encore tout à fait entrés dans le match, mais on n'est plus tout à fait en mode détente. On prépare ses affaires, on récupère un short dans le sac, on essaye de vite choisir une paire de chaussettes pas trop pourrie. Oui parce que de manière incompréhensible, il y a toujours trois, quatre paires qui sont au mieux déchirées, au pire complètement foutues et qui ne tiennent plus. Et quand tu les as en match, tu passes ton temps à les remonter, et c'est vraiment chiant.

Bref, en attendant la compo, et donc le numéro de maillot, chacun enfile le « bas » de sa tenue.

Sans être un maître de la statistique, on peut affirmer qu'un match sur quatre environ va connaître la nécessaire et indispensable question : *« Quelqu'un a des protège-tibias ? »* Ce qui est dingue, c'est que c'est pas forcément le même mec. Alors ça fouille, ça cherche. Avec un peu de chance, on te propose un truc absolument pas portable. Un dirigeant va voir dans la réserve si y'aurait pas une paire qui traîne, à tout hasard.

On sort le téléphone, on appelle le pote qui habite pas loin du stade pour qu'il en amène en urgence, ça va y'a le temps de l'échauffement, mais pour le coup d'envoi steplé.

Parfois ce sont carrément les crampons qui sont restés à la maison. Là, quand même, tu te demandes. Comment le mec a pu prendre son sac sans se rendre compte qu'il avait pas les crampons ? Que tu les sortes pour les nettoyer, tout ça, bien sûr. Mais que t'arrives à partir sans le dimanche, ça reste un grand mystère.

Après le match, au moment de la douche, le festival continue. *« Merde, j'ai oublié ma serviette. »*

« Quelqu'un peut me prêter du gel douche ? J'ai oublié d'en acheter. »

« Hé vas-y, j'ai oublié mon déo... »

« Ah merde, j'ai oublié mon gel, je peux pas sortir avec des cheveux pareils, quelqu'un en a ? »

Et comme chaque dimanche, le dirigeant revient du terrain avec des vestes, des survêtements, des maillots... *« Qui a oublié ses affaires sur le banc ? »*

Pas étonnant que certains joueurs oublient le ballon quand ils courent !

ANECDOTE

Un soir après l'entraînement, le dernier à la douche, c'est celui qui passe la raclette. En revenant, il a une paire de crampons et un caleçon en mains : *« Les gars, c'est à qui ? »*

Crotte !
Je sais plus
où on joue.

Y'A AU MOINS 2 HEURES DE ROUTE !

Les voyages forment la jeunesse qu'y disaient. Coup d'envoi à 10h, sauf qu'on joue à Butten, et qu'on doit y être pour 9h, sauf qu'y a 2 heures de route… Debout à 6h45 un dimanche matin…

L'avantage quand tu joues dans les petites divisions, c'est que le « secteur géographique » est plutôt resserré. Quand tu te déplaces à 10-15 km, ça va, niveau horaire, ça change pas grand-chose que tu joues à domicile ou à l'extérieur, et du coup tu peux prévoir les repas de midi ou les apéros du dimanche soir. Seulement voilà, au niveau de la Ligue, on a parfois des répartitions… étonnantes.

Un jour que je jouais dans le Kochersberg (ouest de Strasbourg), avec pas mal de clubs du canton, on s'est retrouvés une fois avec Butten, une fois avec la réserve de l'ASI Avenir...

Au fin fond de l'Alsace bossue, à la frontière de la Moselle, mais au fin fond de la forêt. Plus d'une heure et demie de route. Donc quand tu joues avec l'équipe 2 le dimanche matin, que le coup d'envoi est à 10h, et que t'essayes d'être sur place pour 9h... Wouah ça fait partir à 7h30 ! Debout 6h45 un dimanche matin.

Il faut carrément dormir sur le canapé pour pas se faire incendier par sa femme quand le réveil sonne.

Le pire, et je crois qu'on s'en souviendra toute notre vie, c'est qu'en arrivant à Butten ce matin-là, il y avait une belle flaque sur le côté, mais c'était jouable. Enfin, pour nous, c'était jouable. Le président local a décidé qu'on n'abîmerait pas son joli petit terrain et s'est débrouillé pour sortir un arrêté municipal de derrière les fagots pour empêcher le match.

Ah oui, il faut savoir que les présidents de clubs et les maires des patelins sont cul et chemise.

Un petit coup de fil le samedi soir, et hop, match reporté. Donc, quand t'as fait une heure et demie de route pour pas jouer, t'es un peu au bout de ta vie. D'autant plus que tu sais qu'il va falloir revenir une deuxième fois. Et quand tu reviens, t'as juste envie de leur mettre une raclée. Et si en plus tu perds, tu les maudis sur dix générations.

Donc quand les groupes sortent en début de saison, il y a deux hantises : trop de derbys, et le déplacement extrême chez les bûcherons. Et des bûcherons, il y en a dans toutes les régions, et c'est toujours l'équipe la plus loin ! Allez savoir pourquoi.

PETIT CALCUL

L'air de rien, en jouant à 20 km de chez moi, si je fais les deux entraînements par semaine, je suis déjà à 80 km par semaine, auxquels on ajoute une moyenne de 50 km pour le dimanche, soit 130 km. Soit 520 par mois. Sur une saison de 9 mois, ça nous fait 4680 km. Ramenons ça à 4000 km. Un plein, c'est 800 km, soit 5 pleins par an, soit 300 €. Quand même !

Faut que je change
de marque de lessive...

09

ILS PUENT LES MAILLOTS !

La tresse est restée dans le sac depuis dimanche dernier, et l'intendant a oublié de les laver...

Ça doit faire cinq bonnes minutes qu'on est dans le vestiaire. On aimerait bien se changer, mais les équipements ne sont pas là. Le coach ou un dirigeant va les chercher dans la réserve.

— Ils jouent en quoi les autres ?
— En jaune je crois.
— Alors on peut prendre les verts ?
— Je sais pas, demande à l'arbitre.

L'arbitre étant en rose, tout va bien, va pour les verts. On a failli jouer en blanc, voire - pire - en bleu. Sacrilège. À l'ouverture du sac, une odeur suspecte s'échappe du sac. Une simple inspiration suffit à lever tous les doutes.

— Putain mais ils puent les maillots ! Vous êtes sérieux là ? !

— Oui bah écoute, on a oublié de les laver...

— Wouaaaa... Horrible putain...

— Les gars, l'avantage, c'est qu'on vous fera pas chier au marquage !

— Putain mais les chaussettes aussi... Vas-y, comme c'est gore là ! Sérieux, on n'a pas d'autres chaussettes quelque part ?

— Bon, les gars, ça va, on va pas salir une autre tresse, on joue avec ça, et puis c'est bon. Pour une fois...

— Mais merde, on joue à domicile, y'a juste à en prendre une autre ! Prends les maillots blancs !

— C'est toi qui les lave après ?

— Mais ils sont pas lavés !

— Bah justement !

— Toi, justement !

Voilà typiquement le genre d'événement qui peut crisper une équipe avant même l'échauffement. Là, en gros, tout le monde sort en t-shirt d'entraînement, et va laisser aérer son maillot avant le contrôle des licences.

Niveau lavage, le plus fréquent, c'est pour les chasubles, le jeudi soir. Là, tu sais très bien qu'ils ont traîné toute la semaine, et même plus. C'est plutôt la réaction inverse : *« Hé les gars, ils sentent bon les chasubles ! Sérieux, sens-moi ça ! »*

Concernant les maillots, la variante qu'on va retrouver en moyenne quatre, cinq fois par saison, c'est de jouer au mois d'août sous 35° avec les manches longues, et l'hiver, à 3° avec les manches courtes. Ça, c'est aussi un sacré mystère organisationnel. Tu te demandes quand même à quel moment l'entraîneur s'est dit, *« tiens, et si on jouait en manches longues aujourd'hui alors qu'on est en plein été »* ? À part pour nous faire chier, j'ai pas de réponse convaincante.

ANECDOTE
Au club, on a commandé les nouveaux équipements. Un des joueurs affirme avoir des plans pour faire les sacs. OK, très bien. Après des semaines d'attente, les sacs arrivent et... Consternation. Ils sont juste assez grand pour y glisser une paire de crampons et une serviette ! Pour l'entraînement, surtout l'hiver, c'est mort, ça sert à rien. Bon choix !

Bon pied,
bon œil !

ARBITRAGE MAISON !

***Quoi pas d'arbitre officiel ?
Alors bonjour les coups de sifflet à sens unique !***

Dimanche matin, petite division, forcément, pas d'arbitre officiel, forcément...

Du coup, qui prend le sifflet ? Immanquablement, un gars du club qui reçoit.

Un dirigeant, souvent retraité, généralement bedonnant, « presque » invariablement conditionné d'avance. Et des arbitrages maison, j'en ai vu ! Et des pas très propres ! Arbitre qui te refuse un but sans explication, tacle par-derrière non sanctionné, tirage de maillot, touche donnée à l'adversaire, etc. Le gars a toujours la bonne excuse du « gars qui rend service alors faites pas chier ».

— M. l'arbitre, c'est pas correct là ! À un moment, faut siffler un peu correctement !

— Oh ça va hein ! Moi je dépanne, si vous êtes pas contents, vous trouvez quelqu'un d'autre !

— Mais ça n'a rien à voir, si y'a touche pour nous, tout le monde l'a vue, faut la siffler pour nous !

— Oui bah je siffle ce que je vois !

Si on devait imaginer un championnat de France de la mauvaise foi, je pense que c'est un « arbitre-bénévole-du-dimanche-matin-qui-est-là-parce-qu-on-lui-a-dit-de-venir » qui serait titré.

Obligé! O-bli-gé!

Mais je vous vois venir, vous allez me dire, s'il y a de l'arbitrage à domicile, t'en profites aussi quand c'est toi qui reçois ! Oui. Mais pas toujours. C'est là que ça devient drôle. On passe notre temps à râler sur l'arbitre du club adverse, et du coup, quand c'est quelqu'un de chez nous qui arbitre, bah on s'attend à ce qu'il siffle pour nous !

Mais ce qui est terrible dans ce monde, c'est qu'il y a aussi des gens un peu honnêtes, et du coup, le gars siffle « normalement », en étant impartial... Quand t'as ton attaquant qui part seul au but, à la limite du hors-jeu, et que l'arbitre siffle...

– Oh Serge, tu fais quoi ? Laisse-le partir au but, pourquoi tu siffles ?! Putain, tous les week-ends on se fait niquer, et même à domicile !

– Vous arrêtez de critiquer les gars hein, sinon moi je viens plus.

Merde, on a le même.

Le problème, c'est que c'est un match officiel, et qu'il faut fournir un arbitre, sinon on est sanctionné par la ligue. Du coup, tu prends sur toi, et tu essayes de gagner les matchs dans les règles. Le problème, c'est que c'est beaucoup plus compliqué de battre un adversaire à la régulière.

ANECDOTE

Avec l'arrivée obligatoire de la tablette numérique, les premières semaines ont été chaotiques pour les arbitres du dimanche matin. Ça marche pas, c'est quoi le mot de passe, comment on l'allume... Pour en arriver à cette phrase : *« Bon ça vous dérange pas si je remplis la feuille de match de chez moi cet après-midi ? »* Noooooon.

Dimanche tu cires
la chaise de maman,
sinon c'est ceinture !

MA FEMME VA ENCORE GUEULER !

« Oui, c'est un match important... Non je suis pas indispensable, mais pour une fois qu'il me prend avec la 1... »

Cette fois, c'est la bonne. Je joue en équipe 1.

Il a mis du temps à se décider, mais ça y est, il m'a enfin convoqué, et en plus c'est le derby, et en plus on joue la montée.

Donc là, faut pas déconner. C'est l'occasion pour tout le monde de frapper un grand coup, et va falloir préparer ça comme il faut ! Autrement dit, manger léger, pas boire trop d'alcool avant le match, tout ça, tout ça.

Le problème, c'est qu'il y a repas chez belle-maman dimanche midi. À la base, c'est une complication, parce qu'il y a souvent des frites, et qu'on ouvre vite une bouteille de blanc ou de rosé. Alors on peut parfois arriver un peu « pataud » au match. Comme si ça ne suffisait pas, le hasard de calendrier a voulu qu'elle invite du monde ce dimanche-là. On a rendez-vous à 14h, je vais devoir m'arracher à 13h30. C'est plus de la diplomatie à ce niveau-là, c'est de la négociation type GIGN.

— Ah ouais, bien sûr, ce dimanche.

— Bah ouais, c'est comme ça, pour une fois qu'il me prend en une.

— Et bien sûr, tu peux pas dire non.

— Je dis suffisamment non dans la saison, là, c'est un match important, je vais sûrement pas refuser !

— Et les autres ? Ils refusent jamais d'aller jouer ?

— Ça arrive oui.

— Et bah voilà.

— Bon, écoute, de toute façon, que je sois là ou pas, ça change quoi ? C'est pas moi qu'ils viennent voir, je fais du sport comme 6 ou 7 millions de gens en France, j'ai un match important, tout le monde peut comprendre ça.

— Ouais, ouais.

Bon, là, tu sais que jusqu'à dimanche soir, voire encore un peu de lundi, faut pas espérer voir un sourire.

Le reste, j'en parle même pas. C'est aussi ça la passion du foot.

Alors le truc, c'est que quand tu joues au foot, ta femme est forcément pas d'accord. C'est bizarre cette constante. Déjà en semaine, t'as entraînement mardi et jeudi, et tu dois régulièrement faire sauter l'un ou l'autre pour pas risquer l'incident.

— Écoute coach, je vais pas pouvoir venir ce soir, c'est chaud à la maison...
— T'inquiètes, je sais ce que c'est.

C'est bon de pouvoir compter sur la solidarité du groupe. En discutant avec les autres, tu te rends compte qu'on a tous le même problème. Enfin si maintenant ma femme lit qu'elle est un problème, je vais encore avoir des problèmes.

Mais comme je parle de foot, je pense pas qu'elle lira. J'espère.

ANECDOTE
Chaque année, au mois de décembre, le club organise son repas de Noël. En général, les femmes, les enfants sont invités, avec un menu qui revient à pas trop cher. On a toujours dans le coin un chasseur qui te permet de faire un civet de biche ou de sanglier, suivi d'une Vienetta, et le tout très, très bien arrosé. J'ai déjà vu des femmes venir... Si je vous assure !

Dieu je crois en vous à condition de gagner ce dimanche...

T'ES DISPO DIMANCHE ?

Quand ça fait des semaines que t'attends de jouer en 1 et que le coach te pose la question jeudi soir... pour finalement jouer en 2 !

Moi, je suis comme les joueurs pros, je fais ma préparation physique pour être au top de ma forme à l'automne. Plus sûrement, il se peut que je sois parti en vacances fin août et que j'aie un peu zappé une bonne partie de la reprise.

Début septembre, il fait encore chaud, fin novembre il fait froid. Du coup, quand arrive le mois d'octobre, c'est là que je suis à mon meilleur niveau. J'ai digéré mes quelques semaines d'entraînement et de footings que je m'impose en dehors (parce que je le rappelle, « l'entraînement, les gars, c'est individuel »), et là, je le sens, depuis quelques semaines, je suis vraiment bon.

À l'entraînement, je gagne mes duels, je suis plus propre dans mes passes... Non, sérieux, je comprends pas pourquoi je suis pas en équipe 1. En plus, les mecs qui jouent à mon poste, ils sont pas terribles, en toute objectivité. C'est l'inverse, ils étaient bons en début de championnat, mais là on sent clairement qu'ils sont moins bien. L'équipe a de moins bons résultats en plus en ce moment.

Le coach avait dit en début de saison que tout le monde aurait sa chance, qu'il ferait tourner, c'est plus que jamais le moment d'essayer quelque chose. Dimanche, obligé, c'est pour moi. En plus, il y a des blessés, je n'ai pour ainsi dire plus de concurrence à mon poste.

Jeudi soir, on se change, on monte sur le terrain. Le coach vient vers moi : « T'es dispo dimanche ? »

Deux réponses.

Celle dans ma tête : *« Mais tu te fous de ma gueule ? Bien sûr, j'attends que ça ! Fais-moi jouer, tu vas voir, c'est autre chose que ces tocards que tu mets sur la pelouse ! »*

Celle qui sort de ma bouche : *« Oui, oui, pas de souci. Si t'as besoin, je suis là. »*

Alléger de ce poids, je survole l'entraînement. Libre, exalté, je tente et je réussis tout. C'est sûr, non seulement il va me prendre, mais en plus je serai titulaire. Même mes potes en sont convaincus, ils me l'ont dit tout au long de l'entraînement. C'est vraiment l'occasion de remettre les pendules à l'heure., de montrer ce que je vaux.

Fin de l'entraînement, on va à la douche... J'ai aucun doute sur ma sélection en équipe 1. Pendant ce temps, les entraîneurs établissent les listes des joueurs pour dimanche.

J'arrive au bar, je consulte la fameuse liste. Putain, je suis en équipe 2.

IL-SE-FOUT-DE-MA-GUEULE...

Par principe, je prends une bière, et je me casse sans dire un mot. Non, les dimanches après-midi, je ne suis plus dispo.

On n'a pas deux étoiles sur notre maillot, mais cinq au menu du jeudi soir !..

13

LE REPAS DU JEUDI SOIR !

LE moment de convivialité.
Chaque club prétend avoir le meilleur jeudi soir.

Alors là, on attaque un gros dossier. Quand viennent les premières tractations, les premières discussions entre potes pour savoir qui va partir, rester, rejoindre un autre club ou reprendre une licence, c'est l'argument massue. C'est ce qui fait pencher la balance pour attirer dans ses filets le buteur qui manquait à l'équipe, ou le milieu qui va fluidifier le jeu. Prix de la licence ? Ouais, bon, à 20 euros près... Les équipements offerts ? On les propose ailleurs...

Mais quoi alors ? ! « *C'est comment le jeudi ?* » Ah ! Là tu sais que tu parles à un vrai champion. L'homme sur qui tu vas pouvoir compter dans les moments difficiles. Le footballeur complet.

On sous-estime trop souvent l'importance du repas du jeudi. Mais c'est un moment fondamental qui en dit long sur la vie d'un club, la joie d'un groupe.

Si dès la fin de l'entraînement, les trois quarts (voire plus) des gars rentrent direct à la maison, soi-disant parce qu'ils sont fatigués, ou qu'ils bossent le lendemain (oh mais mec, moi aussi, tu crois quoi ?), c'est qu'ils ont tout simplement pas envie de rester.

Il n'y a pas de micro-climat de l'emploi des travailleurs-qui-se-lèvent-tôt, donc si ailleurs on peut rester tard, c'est qu'ici, c'est la merde.

L'air de rien, ce sont des choses que l'on ressent. Le dimanche, le petit coup de main en plus, le petit coup d'œil altruiste, il peut venir de la blanquette de Michel. C'est peut-être bien les bouchées à la reine de Corinne qui sont à la base du une-deux qui amène le deuxième but. Parce que bouffer ensemble, c'est tout sauf anodin ! On parle foot, bien sûr, mais on parle aussi de nous, de nos vies.

Quand un de tes potes du milieu de terrain t'explique qu'il est KO, parce qu'il a des travaux à la maison, ou que ses enfants sont malades, eh bien le dimanche, inconsciemment ou non, tu vas avoir envie de faire un peu plus pour lui. S'il est dans un moins bon jour, tu sais pourquoi, et tu vas essayer de le porter un peu plus. Si tu le sais pas, ça peut finir en reproches, en sale ambiance, voire en insultes.

Le jeudi soir, la qualité du repas, la qualité de la bière, la qualité des vannes, la qualité de l'écran qui va diffuser la ligue des champions (à condition que le club prenne le bon abonnement...), c'est cela qui va déterminer si tu vas faire une saison « plaisir », ou une saison de merde.

Tu peux faire une bonne saison sportive, dans une ambiance de merde. Mais, nous, on préfère une saison galère dans une ambiance de feu. Si t'arrives à concilier les deux, c'est le jackpot.

I am a poor, lonesome player!

NUMÉRO 14… THE REMPLAÇANT !

Aujourd'hui, j'ai le n° 14, virtuel et physique. Je sais même pas si je vais entrer en jeu.

Il pleut, il fait 5 degrés, on est dans un patelin dont j'ai jamais entendu le nom, et je suis sur le banc. C'est avec l'équipe 1, mais ça fait chier. En plus, j'ai le n° 14, et connaissant le coach, j'aurais dû prévoir un petit plaid parce que je suis pas prêt d'entrer.

À ce niveau-là, c'est un truc que j'ai jamais compris : on se prend tout un dimanche après-midi, on n'est pas payés, et t'as un coach qui se tortille le popotin pour savoir, en gros, où tu seras le moins inutile. Mais fais-moi jouer en équipe 2 alors ! Si tu me choisis parmi les quatorze, c'est que tu te dis que j'ai quelques qualités quand même. Alors vas-y, là, fais moi entrer !

Cela dit, on passe parfois de bons moments sur le banc. Dans 90 % des cas, t'es avec deux mecs qui ont fait leur deuil d'une place de titulaire, et qui trouvent d'autres petits plaisirs. Comme critiquer ceux qui sont sur le terrain.

– *Je sais pas toi, mais je le trouve pas en confiance en ce moment Philippe.*

– *Et allez, encore un ballon pété en touche... Incapable de jouer proprement !*

– *Je suis pas sûr que 6 ce soit son vrai poste...*

Le tout, évidemment, assez fort pour que le coach l'entende, mais sur un ton qui soit pas trop agressif pour pas trop passer pour un rageux. Tout un art.

Il y en a d'autres qui préfèrent encourager les copains, quitte à se muer en coach adjoint.

– *C'est ça, bien joué !*

– *Donne-la ! Donne-la !*

– *Remontez ! Vous êtes trop bas !*

Et puis il y a une troisième sorte de « n° 14 » : celui qui en a plus rien à foutre du match, et qui est carrément passé derrière la main courante pour tailler le bout de gras avec les gars de l'équipe 2 qui sont là, une bière à la main.

« Thibault ! Il est où Thibault ?
- Il est là derrière coach.
- Thibault, va t'échauffer !
- Sérieux ? »

Débute alors un échauffement de haut niveau. Un petit aller-retour en petite foulée, quelques pas chassés, une demie accélération, et retour vers le banc pour faire quelques étirements...

– C'est bon, t'es chaud ?
— Ça fait une heure que je suis chaud !
— Quoi ?
— Non rien, vas-y c'est bon, je rentre quel poste ?

Car oui, quand t'es en bout de banc, en fait, tu sais jamais vraiment à quel poste tu vas jouer. Ça dépend. Si on perd, t'as des chances de finir en pointe. Si on gagne avec trois buts d'écart, t'as des chances d'entrer au milieu, et si on doit préserver un score, tu rentres en deuxième stoppeur. Franchement, n° 14, c'est tout un art. Tout le monde ne peut pas le faire.

VEUILLEZ LAISSER
LES VISSÉS
DANS L'ÉTAT
OÙ VOUS LES
AVEZ TROUVÉS
EN ENTRANT
MERCI !

VOUS AVEZ PENSÉ À PRENDRE LES VISSÉS ?

On a tous investi dans une paire de vissés, qui moisit au garage ou à la cave parce qu'en vrai on s'en sert jamais.

Mais quelle drôle de question ! 90 % des amateurs n'ont qu'une seule et unique paire de crampons, et en moyenne, elle dure une saison. On a bien quelques anciens, à la Christian, qui ont leurs Copa depuis dix ans, parce que, je le rappelle, *« si tu les entretiens bien, et que tu les cires régulièrement, après, c'est un chausson, et ça peut durer des années »*. Oui, d'accord. En général, mes crampons, ils restent dans le sac d'une semaine sur l'autre, ça prend l'humidité, et c'est pas bon pour le cuir.

Donc, pour rester basique, et pour parer à toutes les éventualités (terrain dur, mou, humide, gelé, bosselé...), on opte raisonnablement pour une paire de moulés. La base. Si possible une marque pas trop pourrie, mais pas non plus un truc hors de prix. Quant aux vissés... Franchement, si c'est pour claquer 80 balles dans une paire de pompes qui va me servir une fois dans l'année... D'ailleurs, en parlant de ça, j'ai acheté une fois des vissés, je les ai revendus deux ans plus tard sans les avoir utilisés une seule fois. Il y avait encore la petite étiquette brillante sur la semelle. Quand je dis « comme neuf », le mec peut pas dire que je l'arnaque !

Cette logique, on est donc une grande majorité à la suivre. Et du coup, quand l'entraîneur demande avant le match si on a pensé à emmener les vissés, on est plusieurs à se jeter des coups d'œil avec un sourire en coin.

— Les gars, le terrain est supergras aujourd'hui, vous allez pas tenir debout avec ça.

— Mais si, t'inquiètes, c'est bon, c'est pas la première fois !

Et en fait, dès le premier crochet de l'adversaire, on termine par terre. Et quand on arrive à 3-0 pour l'équipe d'en face à la mi-temps, forcément...

« Je vous avais dit quoi les gars ? Vous faites du patin à glace, et les autres ils font du foot ! Elle est là la différence ! Ils sont pas meilleurs que nous, mais eux ils jouent debout ! »

Mais merde, je comprends pas, ils sont comme nous. C'est des mecs normaux, avec NORMALEMENT, une seule paire de crampons. Des moulés. Pourquoi c'est toujours nous qui perdons quand le terrain est dégueulasse ?

Heureusement, les « terrains rouges » sont en voie de disparition. On s'entraînait sur ce... truc, il y a quelques années, tu te pétais le pied, et là, on était obligés d'avoir des « stabil' ». Pas le choix. Même les moulés ne s'enfonçaient pas dans le sol, tu repartais avec la plante du pied défoncée. Donc là, deux paires, pas le choix. À la reprise en août, la question, c'était plutôt : « Vous avez pensé à prendre des stabil' ? »

ANECDOTE

Quand tu chausses du 47-48, trouver des crampons, c'est l'enfer ! En moulés, tu arrives à trouver vite fait trois, quatre modèles. Pour les vissés, t'as pas le choix, quand t'en trouves, tu prends ! Tant pis pour le style...

COACH
Bon les gars,
un peu d'attention...
C'est pourtant pas
compliqué !

16

TU T'ES CRU DANS FOOTBALL MANAGER ?

Comme il y a 60 millions de sélectionneurs, les adeptes de Football Manager pensent pouvoir appliquer la stratégie qu'ils ont avec le Bayern à l'équipe 1, voire l'équipe 2. Comment dire...

C'est une vraie plaie sociale. Le traquenard absolu. Tu achètes Football Manager, et tu deviens coach. Partout, tout le temps. À l'entraînement, tu te retrouves avec « les vrais ». Il y a toujours une petite phrase qui laisse entendre que toi aussi, tu as recruté Maxim Tsigalko par le passé, et que l'attaquant de demain, c'est sûr c'est Dave Robinson, qui joue à Leeds.

Pour emmener Blackpool jusqu'en Premier League, tu n'as pas hésité à changer ton fusil d'épaule, passant du 4-4-2 au 5-4-1 pour une meilleure assise défensive. Ton pote a fini entraîneur de l'année avec Dortmund, mais ça, « trop facile ». Toi, tu commences tout en bas. Toi, t'es un vrai.

Le problème, c'est que t'as l'impression que tu peux l'appliquer partout, y compris dans ton club. Le jeudi soir, le club house est le lieu de tous les possibles, de toutes les discussions. On aborde les sujets qui fâchent, on donne son avis sur l'équipe.

« Sérieux, coach, tu veux pas tenter un 4-4-2, mais avec une seule sentinelle, un mec un peu en faux 8 à l'ancienne, et deux gars sur les côtés qui font un peu piston ? »

Là, tu as ton pote qui ajoute en en se marrant : *« Ouais un regista et un carrilero quoi ! »*

Une référence pour initiés. Mais ton coach aussi, il joue.

« Mais t'as cru qu'on était dans Football Manager ou quoi ? On a qui dans l'équipe pour jouer comme ça ? Je peux pas recruter qui je veux, faut que je fasse avec les mecs que j'ai ! »

Alors tu commences à utiliser les verres et les sous-bocks pour expliquer ta tactique plus précisément. Chaque argument étant contredit immédiatement par l'un des gars à la table.

« Je suis sûr que ça peut marcher ! »

Le problème, c'est que tu vas toujours imaginer un poste qui – comme par hasard – te conviendrait mieux qu'à un autre.

— Là, dans ce registre, il te faut un petit gabarit, un peu vif comme ça, ça peut faire du dégât.
— Et tu penses à qui là ?
— J'sais pas moi... J'dis ça comme ça...
— Tu sais très bien qu'on a que toi, crevard !

On a également la variante du défenseur central, troisième dans la hiérarchie, qui trouve qu'on pourrait tenter une défense à trois dans l'axe, avec deux latéraux qui montent d'un cran. Comme au PSG.

« Regarde autour de toi, et dis-moi si on est le PSG. »

Et enfin l'attaquant de couloir qui désespère de voir le 4-4-2 avec deux pointes... Pour plus d'efficacité, on pourrait tenter le 4-3-3, et puis, aujourd'hui, franchement, toutes les grandes équipes ont adopté ce système...

« T'as cru qu'on était une grande équipe ? »

Depuis Football Manager, la tactique n'a jamais été autant des cœurs des débats.

Pas de réseau,
comme dab...

LA CONVOC' !

Quand on attend fébrilement le SMS de confirmation qui tarde à venir !

Le pire suspense du monde. Il y a une partie des joueurs qui savent qu'ils seront en 1 ou en 2. Et il y a toute une frange de l'effectif qui joue, comme je dis souvent, en équipe 1 et demie. Les gars qui sont entre la 12e et la 19e place dans la hiérarchie du groupe. Quand on est nombreux à l'entraînement, la répartition des groupes donne une première tendance, mais on sait tous qu'elle n'a rien de définitif. Tu peux t'entraîner avec la 1 et finir en 2, et inversement. Selon les besoins en fait.

Un petit jeu d'observation et de spéculation s'organise lors de la séance du jeudi soir. Surtout quand le coach a claironné que les présences aux entraînements décideraient de ses choix.

— Il s'est entraîné mardi Youssouf ? Comme j'étais pas là, je sais pas qui était là…
— T'inquiètes, on était 6.

Le dimanche précédent, on a eu l'impression de faire un bon match, on a l'impression d'être pas trop mal à l'entraînement, alors on se dit que… Logiquement, on sera dans le bon wagon.

Contrairement à Didier Deschamps, les entraîneurs ne donnent pas une conférence de presse pour dévoiler et expliquer leurs choix. 14 avec la 1, 14 avec la 2, et ce qui reste avec la 3 (s'il y a une équipe 3 – quant à l'équipe 4, c'est avec des mecs que de toute façon on ne voit jamais).

Ceci étant dit, il y a deux écoles chez les entraîneurs. Ceux qui donnent la compo de dimanche tout de suite, le jeudi soir, au club-house. Le suspense dure donc le temps de se doucher et de commander une bière pour faire bonne figure en cas de déception. Si tu as une relation apaisée avec ton coach, tu peux éventuellement lui faire part de ton incompréhension, il trouvera de toute façon un pipeau.

La deuxième façon de faire, justement pour pas être emmerdé par les mecs comme toi, c'est d'envoyer les convocations par SMS, le lendemain. Alors là c'est horrible. Tu voulais organiser ton week-end, ta femme te demande si c'est bon pour une balade dimanche après-midi... Et t'es toujours en train d'attendre le SMS qui va confirmer que tu joues bien avec l'équipe fanion. Ou pas.

Message d'un pote
– *Toi aussi tu joues en 1 ?*

Ah le connard. Vu que ce sont des envois groupés, si j'ai rien reçu, c'est que je suis pas en 1.

Réponse
– *Apparemment non, j'ai rien reçu...*

Et là ça devient beaucoup plus compliqué d'envoyer un message à l'entraîneur sans passer pour un rageux. Les méfaits de la modernité.

ANECDOTE
Dans les équipes de jeunes, de nos jours, les dirigeants ont les numéros de tous les parents. Hop, petit SMS à la maman, « Rdv samedi 14h au stade. Pour votre fils, c'est à 18h, lol ».
Moi, quand j'étais jeune, dès la fin de l'entraînement, on recevait un petit papier avec le jour, l'heure, et l'adresse du rendez-vous. On rentrait à la maison tout fier. #Nostalgie.

C'est rien coach,
un petit accident
domestique...
Mais je suis Ok!

PAS DE BOBOS, LES GARS ?

La question du coach avant de commencer sa causerie… Comme si on allait dire « oui moi, je suis blessé, je préfère être sur le banc » !

Ça y est, il est 15h, tout le monde est arrivé (bon, il en manque sûrement un, comme d'habitude, mais on va dire que tout le monde est là). On a une heure pour être prêt. Chacun commence à sortir ses affaires, à se mettre en tenue, et le coach commence sa causerie. J'ai croisé pas mal de coachs qui voulaient savoir si tout le monde allait bien.

« Pas de bobos, les gars ? »

Honnêtement, sur une échelle de la blessure, où 1 t'es en pleine forme, 10 t'es à l'hôpital, je pense que je peux me tenir sur un terrain jusqu'à 7. Gourcuff a déjà un doute à 1. Moi, même avec des courbatures, des douleurs, la volonté d'être sur le terrain est plus forte que tout.

Alors tu t'imagines bien mon coco que je vais pas lever le bras pour te dire, *« écoute, je suis pas sûr, ça tire un peu le mollet, je préfère commencer sur le banc »*. Je pense que les treize autres gars qui sont dans le vestiaire pensent la même chose et espèrent tous débuter le match. En plus de ça, imaginons un instant que le samedi soir je sois allé faire un foot avec des potes et que je me sois fait mal. Est-ce que je vais vraiment le dire ? Au risque de me faire pourrir devant tout le monde ?

Parfois, le coach sait que tu n'as pas les 90 minutes dans les jambes, que tu reviens de blessure, que tu t'es préservé le jeudi, donc à toi, en particulier, il peut te le demander, là c'est normal. Mais le demander à la volée, à tout le vestiaire, franchement...

Ce qui est sûr, c'est qu'il y a des joueurs qui résistent mieux à la douleur que d'autres. Personnellement, je pousse la machine à bout, et avec le recul, c'est sans doute une erreur. Il vaut mieux parfois lever le pied, demander à sortir, expliquer le problème, et revenir prendre sa place le jeudi soir.

Il y a des mecs, tu vois qu'ils sont cramés. Ils avancent plus, ils sont cuits de chez cuits.

— *Antho, ça va ? Viens, je te sors !*
— *Non, c'est bon, ça va !*

Et là, dans la seconde qui suit, le mec tape un sprint de 30 mètres pour bien prouver au coach que oui, regarde, je gambade. Neuf fois sur dix, évidemment, il ne se replace pas et confirme lui-même qu'il était bien cramé.

Autre situation, le joueur qui prend un sale coup sur la cheville, ou la hanche, ou n'importe où. Ça fait très mal.

— *Ça va ? Tu veux sortir ?*
— *Non, non... ça va aller...*
— *Vas y, sors un peu et tu re-rentres après.*
— *Non, je te jure, ça va passer... C'est bon.*

Oui parce que nous, on fait autant de changements qu'on veut, mais on sait très bien que si on sort, rien ne garantit qu'on va re-rentrer. Alors, pas de petit bobo.

CHACUN SA BLESSURE
Chez les amateurs, comme il n'y a pas de suivi médical, chacun a sa spécialité. Moi, je suis fragile des adducteurs, c'est comme ça. D'autres ce sera la cheville, ou le tendon d'Achille. Le meilleur, c'est un pote qui se plaignait du fessier. En quelque sorte, ça le poursuit.

Monsieur l'arbitre,
je conteste
énergiquement !
Y a pas faute...

19

AVOCAT DANS LA VIE, IMBUVABLE SUR LE TERRAIN...

Quand on monte sur un terrain, on est plus le même. Côté pile, côté face.

Ce que j'aime avec le foot, et ce qu'on oublie souvent, c'est que c'est LE sport qui brise les castes. En fait, tu mets souvent plusieurs semaines à savoir qui fait quoi dans la vie, s'il est marié, quel âge il a vraiment.

Pourquoi ? Parce qu'on n'a pas besoin de ça pour passer de bons moments. Tout le monde s'affranchit de sa condition. Banquier, chômeur, livreur, avocat, étudiant, cuisinier... journaliste ! Comme si, enfin, on redevenait nous-mêmes, en dehors de la société, de ses codes, de ses contraintes.

Tout le monde vous le dira : quand je vais au foot, c'est l'espace-temps qui se déforme. Le téléphone est au vestiaire, et il n'y a plus rien d'autre que ça pendant deux heures, voire un peu plus. Et ça fait un bien fou !

Le foot qui peut aussi révéler des personnalités. Parmi les pires teignes que j'ai eues à croiser dans ma « carrière », il y a ce grand milieu de terrain maghrébin, avocat spécialiste du droit des affaires. En dehors, un mec charmant, souriant, intelligent, intéressant. Mais sur le terrain ! Coups en traître, pression sur l'arbitre, coudes apparents et pieds qui traînent. Invectives. Regard noir. Duels limites. Je pourrai presque le citer mais s'il me lit, je sais qu'il se reconnaîtra, et par avance, je l'embrasse. Car loin de moi l'idée de critiquer, puisqu'il n'y a pas besoin de beaucoup me pousser pour que je me transforme aussi en connard. « *Oui mais tu l'es dans la vraie vie.* » Oh ça va hein.

J'ai aussi partagé ma défense centrale avec Jean-Yves, un mec brillant dans son boulot d'architecte, tout autant que dans son rôle de nettoyeur. Un jour où l'on était malmenés, battus dans les duels, je l'ai vu faire 30 mètres pour tacler un gars sévèrement, prendre un jaune, se retourner et lancer au reste de l'équipe : *« C'est comme ça que je veux les voir ! Par terre ! »* Un leader le Jeannot.

Le foot du dimanche, c'est comme jouer un rôle au théâtre. Aujourd'hui tu seras l'artiste, celui sur qui on compte. Ou l'homme de l'ombre, celui qui fait le sale boulot sans jamais se plaindre. Ou encore le finisseur, celui qui doit finir dans la lumière. Les meilleurs acteurs restent ceux qui réussissent à mettre de leur personnalité dans leur rôle.

ENTRAÎNEMENT DES GARDIENS !

Les gardiens sont bien souvent livrés à eux-mêmes. En guise d'entraînement : se prendre des frappes non cadrées toute la soirée.

En district, une des grandes difficultés, c'est d'avoir un bon gardien. Déjà un gardien tout court, parfois c'est dur, surtout en équipe 2. Les clubs ont tout de même, en général, la « chance » d'avoir deux gardiens, plus celui des U18 qu'on peut éventuellement récupérer, et celui des vétérans qui peut toujours dépanner. En gros, on va dire que pour dimanche, on aura un gardien.

L'un des gros problèmes qu'on a, c'est plutôt pour l'entraînement. Sans aucune concurrence à son poste, le gardien peut avoir une légère tendance à la flemmardise. Mais le problème principal qu'il va rencontrer, c'est pour son entraînement, et donc, sa progression.

On est donc jeudi soir. Le gardien arrive, il se change, il fait les petits tours de terrain pour s'échauffer avec tout le groupe... Et ensuite ?

Avoir un entraîneur des gardiens ? Sérieusement ? Bref. Passons. Avec un peu de chance, il y a le coach de la 2 qui va lui proposer quelques exercices pendant un quart d'heure. Et ensuite le coach « général » va avoir besoin de lui pour « travailler devant le but ».

Intéressant comme expression. Parce que pendant que les joueurs « travaillent devant le but », le gardien, lui, devrait donc « travailler dans le but ». Mais pour ça, faudrait que ça cadre. Parce que ce ne sont jamais des phases où l'attaquant va venir jouer un face-à-face avec le gardien, c'est pas assez réel. Comme l'entraîneur veut répéter quelques gammes, il va demander (par exemple) un une-deux au départ de l'action, un ballon en profondeur sur le côté, et un centre vers l'attaquant. Qui reprend et qui marque donc. En théorie.

Dans les faits, que se passe-t-il ? Une-deux approximatif entre Fabrice et Mika au départ, ballon qui arrive en rebondissant jusqu'à Christophe, qui lance un peu trop fort Anto dans la profondeur, et plutôt que de la contrôler tranquillement – parce qu'on est à l'entraînement – il va tenter un centre en première intention qui arrive direct dans le jardin du voisin derrière le but, ou dans le ruisseau pour la petite variante nature.

La situation va se répéter à peu près une fois sur deux, même si parfois celui qui occupe le poste d'ailier va réussir à centrer DANS le terrain, mais soit trop court, soit trop long, soit trop en retrait, et si par hasard le ballon parvient à celui qui est en position d'attaquant, encore faut-il que la frappe soit cadrée ! Donc en tout, si le gardien a pu faire trois arrêts en quinze minutes, il est content.

On a aussi la situation où l'entraîneur ne fait que du jeu, de la conservation de balle, et le gardien devient alors joueur de champ. Ce qui évidemment lui sert beaucoup pour sa prise de balle.

Ainsi va la vie du gardien de district, l'indispensable du dimanche mais l'ignoré du jeudi...

Putain de matos...

21

ON FAIT UN TENNIS-BALLON ?

Bon, il se trouve que ce soir, on est 6… On fait quoi ?

« Y'a encore des mecs au vestiaire ? » Ah non. Donc en fait, ce soir on sera six à l'entraînement. Franchement, ça fout les nerfs. Il fait trois degrés, c'est humide, on a perdu dimanche, mais quand même. Six. Je me suis dépêché de venir, j'ai vite fini le boulot, j'étais limite en retard. Et six.

« On fait quoi ? » C'est clair que pour le coach, la question se pose. Il avait plus ou moins préparé une séance, imaginé travailler des petites séquences de jeu, débordement, centre, reprise, travail devant le but. Et du coup, à six, et sans gardien, ça se complique.

« On s'entraîne, coach ? » La question reste un peu en l'air, partagée entre l'envie de toucher le ballon quand même et celle d'aller directement à la buvette, parce que là, au moins on sait ce qu'on va y faire. *« On fait un tennis-ballon ? »*

Du coup, c'est parti pour une séance forcément d'anthologie. Service, faute. Rebond, passe, rebond, passe. *« Faute là ! »*

> *« On a dit qu'on engageait tranquille, on fait pas les kékés ! »*

Oui parce qu'en fait, les règles du tennis-ballon n'ont jamais été prononcées clairement.
Quand est-ce qu'on marque le point ?
Combien de touches en tout ?
Peut-on intercepter au filet ?
Faut-il forcément laisser un rebond dans son camp ?
Faut-il récupérer le service pour marquer un point ?

Autant de questions qui provoquent des discussions blindées de mauvaise foi.

– Il l'a touchée deux fois !

– Arrête, mais arrête !

– Y'a deux touches là ! Tête et épaule ! Tête, épaule, deux touches, point pour nous !

Ou encore.

– Elle est sortie là !

– Rien du tout, ça joue !

– Bien sûr qu'elle est sortie !

– Mais c'est ta coupelle qui est pas en face, regarde, t'es pas aligné !

Ce qui est drôle, c'est que quand on sort d'une séance comme ça, avec deux tours de terrain, 20 min. de tennis-ballons, 20 min. de trois contre trois, et un quart d'heure de frappes pour rigoler, on sort de là en se disant: *« Franchement on s'amuse plus que quand on est 15 ! »*

Comme quoi, dans le foot,
on peut vite changer d'avis.

ANECDOTE

Je ne sais pas pourquoi ils ont fait ça. Mais un jour, dans le vestiaire, avant un match, deux potes ont décidé de se partager leurs paires de crampons. Un crampon noir à gauche, un crampon rouge à droite, et pour l'autre, c'est le contraire. Je me suis demandé s'ils partageaient vraiment tout dans la vie.

Et hop, et hop
et re-hop !
Ni vu, ni connu,
Je t'embrouille !

22

TOUS DES CRISTIANO !

Dans les centres de formation, on appelle ça le syndrome de la « main cassée ». Ces joueurs précieux, qui cherchent toujours le crochet de trop.

C'est l'échauffement. On discute, on prend un ballon qu'on tape un peu comme ça, en attendant que tout le monde arrive. Une petite « brésilienne » s'improvise, mais sans grande concentration. Le ballon tombe tout le temps. Tu jettes un œil de côté et tu vois la bande des « techniques ». Ils sont toujours trois, quatre à faire des jongles incroyables, pied droit, pied gauche, tout. Toi, quand tu fais dix jongles de suite, t'es déjà content. J'ai jamais été très doué pour les jongles, mais je peux te contrôler un dégagement du gardien, ou faire une déviation en une touche de balle. On va dire que c'est un choix.

Le truc, c'est que la plupart des « techniciens », à notre niveau, ont trop tendance à vouloir le montrer. Quand c'est des jongles, c'est très bien, mais quand c'est dans le jeu, ça peut vite devenir pénible. Et vas-y que ça enchaîne les passements de jambe, et que ça rajoute des crochets qui servent à rien, et que ça tente des petits ponts tout le temps... Mais devant le but, pour être efficace, là, y'a plus personne !

Quand t'as passé une sale journée au boulot, il y a des petits gestes qui peuvent vite saouler. Et là, c'est comme le dimanche, t'as envie de t'en faire un. Gentiment hein. Pas une agression. Juste qu'il comprenne qu'on est pas au city. Alors t'y vas avec un bon coup d'épaule des familles.

– Oh mais tu fais quoi ?! Tranquille frère !
– Lâche ton ballon, il t'arrivera rien.

Ce qui est sympa, c'est que le coach est toujours du côté du mec qui a mis le tampon. Parce qu'en vrai, les entraîneurs veulent que ça joue vite, même en district. En faisant 25 touches de balle, ça ralentit le jeu. D'où les fameux exercices à « trois touches maxi ». C'est pour obliger les bouffeurs de ballon à jouer plus vite.

Moi, j'en suis persuadé, mais voir à longueur de journée des vidéos où les attaquants humilient les défenseurs, ce n'est pas une bonne chose pour le foot. Ce que je ne comprends pas, c'est que tout le monde s'extasie quand on a un but hypercollectif, où 8 joueurs vont jouer à une touche de balle avant de marquer, mais personne ne penserait à lâcher son ballon plus vite.

Malheureusement, ces joueurs-là n'ont pas conscience que s'ils avaient mis leur talent au service du foot plutôt que du spectacle, aujourd'hui ils joueraient bien plus haut...

INCROYABLE

Dans ma modeste carrière, j'ai quand même croisé des phénomènes. Un en particulier. Un attaquant, frêle, longiligne, mais un diable. Un jour, sur une touche adverse, le ballon est mal dégagé et lui arrive dans les pieds. À 25 m du but, dans un angle fermé, sur son pied gauche, il lobe instantanément le gardien en une touche de balle. C'était en équipe 2 parce qu'il s'était embrouillé avec le coach de la 1. Il aurait pu aller très loin. Chaque saison, j'essaye de le faire venir.

Fluo or
not fluo ?

23

LA MODE DES CRAMPONS !

À un moment, il faut se dire les choses : les crampons fluo, c'est pas possible.

Moi j'ai commencé le foot à une époque où tu jouais en Copa Mundial, en Kaiser, en Patrick (non, pas le mec du bar), en Lotto ou en Nike, NOIRES. Petite fantaisie, la semelle claire. C'était classe, c'était du cuir, ça sentait bon. À un moment, on a eu les Predator. Le début des emmerdes. Le début du marketing. Genre avec les Predator, tu frappais plus fort, avec plus d'effet. Et il y a eu toute la suite. Vas-y que je frappe encore plus fort, et que je cours encore plus vite, et que ma cheville est encore mieux maintenue...

N'empêche que le pied qui est dedans, c'est toujours le même. Et que le mec qui tirait à côté, il tire toujours à côté.

Moi, j'aime les crampons NOIRS. Bon, là, j'ai une paire avec un petit liseré rouge sombre, c'est juste bien, ça ajoute une petite touche, mais on reste classe. À l'entraînement – et en match du coup, vu qu'on a qu'une seule paire – les gars viennent tous avec des crampons roses, argentés, jaunes, verts, bleus… Bien sûr, on nous vend la déclinaison des modèles portés par les professionnels, qui en font l'apologie à longueur de journée pour remplir encore un peu plus leur compte en banque. À l'autre bout de la chaîne, des ouvriers, étudiants, qui vont claquer 150-200 balles dans une paire de pompes pour essayer de « trouver des bonnes sensations ». Chez Décathlon, t'en a à 30 balles, tu les pètes au premier contact, mais tu t'en fous.

Parce que oui, ça m'est arrivé ça ! Petit craquage, soldes à moitié prix sur des Copa Mundial, ce qui les faisait à 75 euros. Bon. Allez. En général, je mets pas plus de 50 euros et ça tient une saison. Là, je me fais plaisir. Deuxième match, tacle, semelle, bim, dessus de la chaussure balafrée. Les nerfs.

Cela dit, je sens un petit frétillement dans la mode, et on dirait bien que les équipementiers reviennent doucement à quelque chose de plus sobre. En revanche, il y a de plus en plus cette espèce de chevillère qui monte de la chaussure, que soi-disant ça tient mieux. Mais quand t'as le coup de pied un peu fort comme moi, et bah c'est pas facile à mettre. Faut forcer un peu, et la notion de confort devient alors toute relative.

D'où ma question : de mon temps on faisait des super chaussures de foot, pourquoi on y arrive plus ? Ou alors je suis un vieux con ?

ENTENDU AU BAR DU CLUB-HOUSE

– Tu bosses chez Nike toi non ? T'as pas des réduc ?
– Si, j'ai -30 %
– Tu peux me prendre des Phantom, et je te rembourse.
– Non, d'abord tu paies cash...

C'est ma copine
qui m'a fait
aimer le foot...

24

ON EST ALLÉ VOIR UN MATCH DE FILLES

Parce que le football, ce n'est pas que de la testostérone... C'est aussi des filles et de la bière.

Ce soir on a entraînement, mais avant nous, il y a des filles qui ont un match sur notre synthétique. Alors on s'est tous donnés rendez-vous un peu plus tôt pour regarder le match et les encourager.

Première impression, c'est que c'est pas si mal du tout. On avait nos a priori de mecs, et finalement, c'est pas désagréable. Il y a même une petite attaquante qui a l'air sacrément technique.

— Hé, Chris, regarde et prends des notes !
— Ta gueule, elle va plus vite que toi !

On finit par se prendre au jeu de ce match avec relativement peu de contacts, un jeu aérien assez récalcitrant mais de bonnes idées dans le jeu. Les nôtres s'imposent et on applaudit.

Les filles, on les croise rarement, mais ça arrive quand même. Au bar, faut les voir. Il y en a quelques-unes, ça rigole pas. Par fierté, on a fait la fermeture, mais on aurait aussi bien pu les laisser là toute la nuit à boire des bières. Bien sûr qu'il y a des joueuses un peu « garçon manqué », qui sont un peu dans leur monde, et qui se cassent tout de suite.

Comme chez les mecs en fait. Mais t'as aussi toute une catégorie de filles très filles, qui se pomponne pendant des heures après la douche et qui ressortent impeccablement coiffées. Bon, soit, il y a aussi des mecs qui passent des heures à se mettre du gel et qui ressortent impeccablement coiffés.

Le truc, c'est ça. En fait, c'est du foot. Que ce soit des filles ou des gars, au final, on fait le même sport.

J'ai déjà demandé à une fille quelle était selon elle la plus grande différence entre le foot masculin et le foot féminin, et la réponse a fusé : *« On est moins chochottes. »* Évidemment, vu comme ça...

Pour les coachs, il y a paraît-il plus de pincettes à prendre dans les discours. Dire à un mec qu'il fait de la merde et qu'il va devoir se bouger le cul sérieusement en deuxième mi-temps, ça peut le remobiliser. Avec une fille, il faut plus de diplomatie (c'est ce qu'on m'a dit, ne m'envoyez pas de lettre de menace, merci). C'est un foot plus psychologique. On oserait presque dire plus intelligent, mais je n'en suis pas sûr.

En tout cas, en allant voir les filles, on a vu des petits ponts, des coups francs de 25 mètres dans la lunette, des tacles par-derrière, des tirages de maillot, des supporters qui faisaient du bruit, et une buvette qui tournait jusqu'à pas d'heure. À l'entraînement, ce sont des chasubles qui manquent et des ballons trop gonflés. Je le redis, c'est le même sport.

Le foot amateur, c'est d'ailleurs un sport à part entière. Plus que ça : c'est un état d'esprit.

CHEZ LE MÊME ÉDITEUR

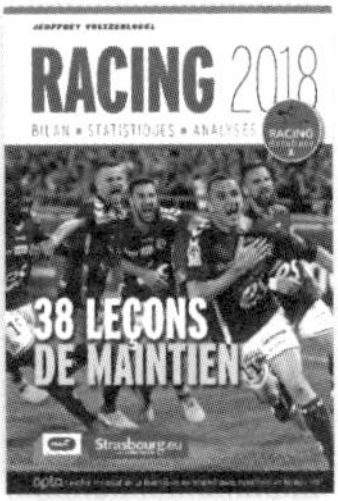

EN VENTE SUR
www.vademecum-editions.com

LE PETIT DERNIER DE PHIL, UNIQUEMENT EN VENTE SUR
www.phil-umbdenstock.com

ACHEVÉ D'IMPRIMER EN UE, NOVEMBRE 2018